P9-AFR-077

L'œuvre immense de
Claude Monet est
répartie entre
de nombreux musées et
des collection privées.
Les visiteurs de Giverny
peuvent en trouver
la présentation dans
différents ouvrages,
en particulier "l'Hommage
à Claude Monet", publié
au printemps 1980 pour
l'une des plus
prestigieuses expositions
des Musées Nationaux au
Grand Palais à Paris.
Pour faire découvrir la
demeure,
les jardins, l'univers
familier d'un grand
peintre, une démarche
photographique
a prévalu dans le choix
des illustrations, guidée
par l'humble espoir
que le maître, lui-même
fervent de photographie,
ne l'eut pas désavouée.

Page précédente
Claude Monet

UNE VISITE À
GIVERNY

GERALD VAN DER KEMP

Membre de l'Institut - Conservateur de la Fondation Claude Monet

BIOGRAPHIE DE MONET

Giverny ! Charmant village s'allongeant au flanc d'un coteau non loin de Vernon... Giverny, nom célèbre grâce à la demeure choisie par un grand artiste. Claude Monet s'y fixa en avril 1883. "Je suis dans le ravissement, Giverny est un pays splendide pour moi..." écrivait-il un mois à peine après s'y être installé. Avant de visiter sa maison, son jardin, ses étangs, il faut donc décrire en quelques mots la vie du peintre et ce que furent ses sources d'inspiration.

Claude Monet vient au monde à Paris en 1840. Il passe son enfance et son adolescence au Havre. Il y rencontre entre 1858 et 1862 les peintres Eugène Boudin et Jongkind qui lui donnent le goût de la peinture en plein air. Il va à Paris étudier et rencontre Renoir, Sisley, Bazille. Il admire Manet et travaille à Trouville aux côtés de Courbet. En 1871, à Londres, il découvre Turner. C'est à cette époque qu'il commence à admirer et collectionner des estampes japonaises. Il se fixe à Argenteuil entre 1872 et 1878 et commence à travailler sur l'eau, dans une barque aménagée en atelier. Il a de graves difficultés d'argent. Il est marié avec Camille dont il a un enfant, Jean. Il expose en 1874, 1876, 1877 et 1882 avec des peintres que l'on nommera "impressionnistes" en raison d'une toile de 1872 que Monet avait intitulée "Impression, soleil levant".

En 1876 il est invité chez Ernest Hoschedé, homme d'affaires et collectionneur, à Montgeron au château de Rottembourg. Il se lie d'amitié avec le ménage Hoschedé et connaît là, Edouard Manet, Carolus-Duran

"Il est indispensable de faire un pélerinage à Giverny, dans ce sanctuaire fleuri, pour mieux comprendre le Maître, pour mieux saisir les sources de son inspiration et pour l'imaginer toujours vivant parmi nous."
VAN DER KEMP

et bien d'autres... Ernest Hoschedé, ruiné, s'enfuit en Belgique en 1877. Madame Hoschedé et Madame Monet décident de passer l'été ensemble en 1878, louant une maison à Vétheuil dont Claude Monet n'est absolument pas enthousiasmé.

Sa femme accouche à Paris d'un second fils, Michel, et il a la douleur de la perdre de la tuberculose en 1879. Alice Hoschedé décide alors d'aider Claude et d'élever ses deux enfants avec les siens. Ils partent à Poissy que Monet déteste et, comme le bail se termine en avril 1883, il visite les confins du Vexin pour trouver un autre logement. De la portière du petit train entre Vernon et Gasny, il découvre Giverny où il déménage en compagnie d'Alice Hoschedé et de ses enfants.

La palette éblouissante que le maître de Giverny voulut composer à quelques pas de sa maison, s'offre désormais aux regards des visiteurs.

Il n'est plus besoin de savoir comment il fit son jardin. Il est bien certain qu'il le fit tel que son œil le commanda successivement, aux invitations de chaque journée, pour la satisfaction de ses appétits de couleurs.
CLEMENCEAU

Ci-contre : Portrait
de Claude Monet
par Nadar

A droite : Claude Monet,
"Le Jardin de l'Artiste
à Giverny"-
1900 - Huile sur toile
80 x 60 cm.
Musée d'Orsay, Paris.

Donnant de plus la primauté à la lumière par une utilisation nouvelle de la couleur — posée pure sur la toile et non mélangée sur la palette — c'est surtout le rendu subjectif qui est recherché, l'impression personnelle devant dominer, et non pas l'expression objective d'un sujet.
GUILLAUD

Ils s'installent tout d'abord dans une auberge, puis louent à Louis-Joseph Singeot une maison. C'est là que Claude Monet se fixe définitivement. La propriété contient plus d'un hectare, elle est située en contrebas au bout du village, elle est bordée en bas par "le chemin du Roy" doublé d'un petit chemin de fer départemental conduisant de Vernon à Gasny, en haut par "la rue de l'Amsicourt" à présent rue Claude Monet (où on trouve l'entrée de la Fondation, devant le parking). La maison borde la rue et fait face à un grand verger. Une grange sans étage se trouve à gauche de la maison lorsqu'on la regarde en venant du jardin. Le peintre en fait immédiatement son salon et son atelier où il aime s'asseoir et fumer en examinant minutieusement les toiles faites à l'extérieur.

Son jardin est planté de fleurs pour pouvoir peindre les jours de pluie et par beau temps. Chaque jour, inlassablement, il va reproduire sur ses toiles les champs, les arbres, la Seine. Dans ce but, il fait l'acquisition d'un îlot, "l'île aux Orties", sur laquelle il possède une cabane et un bateau-atelier.

La fille du peintre Helleu, Paulette Howard Johnston, le décrit ainsi : "de taille moyenne, fort, cou large, se tenant bien d'aplomb sur ses jambes, les cheveux coupés ras, par contre sa barbe était très longue et très blanche. Il portait un costume de gros tissu de laine grisâtre, un pantalon resserré aux chevilles, une chemise blanche avec des manchettes plissées à petits plis fins

qui dépassaient un peu des manches du veston, celui-ci boutonné haut...Il avait une voix claire, bien frappée... il était extrêmement simple et naturel; sa manière directe de parler inspirait confiance et si, à première vue il donnait une impression de rusticité, cet effet disparaissait dès qu'il parlait : on réalisait alors combien son esprit était distingué". Lucien Descaves note qu'il apprécie la bonne chère, boit son vin pur, ne tolère l'eau à petites doses qu'après son chocolat du matin. Mais il fume

La passion de Claude Monet pour les fleurs se comprend pleinement dans son jardin (l'un de ses chefs-d'œuvres selon ses contemporains). «Jardin-palette...d'un peintre fou de fleurs», tel apparut Giverny à l'un des chroniqueurs de notre temps invité aux journées inaugurales de la Fondation Claude Monet. Musée vivant où le promeneur pourra d'abord découvrir les allées abondamment fleuries, dans lesquelles le peintre puisait ses matériaux puis rêver à cette fusion du réel et d'une vision intérieure qui caractérise la démarche picturale de Monet «peintre de la lumière» suivant l'expression de son ami Clemenceau.

"...Je ne connais pas M. Monet,
je crois même que jamais auparavant je n'avais
regardé attentivement une de ses toiles.
Il me semble cependant que je suis un de ses vieux amis.
Et cela parce que son tableau me conte toute une histoire d'énergie
et de vérité...Ici il y a plus qu'un réaliste, il y a un interprète
délicat et fort qui a su rendre chaque détail
sans tomber dans la sécheresse." ZOLA

Claude Monet
"Les Roses" - Détail
1925-1926 - Huile sur toile
130 x 200 cm.
Musée Marmottan, Paris.

quarante cigarettes par jour... Il a toujours plusieurs
toiles en chantier à cause des changements de lumière.
Il est obsédé et torturé par sa peinture. Il peint avec rage
et, trop souvent mécontent, détruit ses toiles. Lors de
ses crises, sa famille l'entoure d'un silence respectueux.
Mais lorsqu'il réussit ce qu'il peint, alors il redevient
gai, familier, le meilleur homme du monde.
Levé à cinq heures chaque matin, il circule sur les chemins de Giverny, sur les bords de l'Epte, le long des
rangées de peupliers, dans les champs rougis de coquelicots, sur les bords de la Seine et c'est à Giverny qu'il
devient le précurseur de la peinture moderne. Insensible
à toutes les tendances de son temps, les nabis, les poin-
tillistes, les fauves, les cubistes, il creuse obstinément
son sillon. "Le motif est pour moi chose secondaire, ce que
je veux reproduire, c'est ce qu'il y a entre le motif et moi".
"Ça n'est pas la lumière et l'ombre qui sont l'objet de sa peinture mais la peinture placée dans l'ombre et la lumière".

A Georges Durand-Ruel
le 3 juin 1905 :
...Quant aux couleurs
que j'emploie, est-ce si
intéressant que celà? Je
ne le pense pas, attendu
que l'on peut faire plus
lumineux et mieux avec
toute autre palette. Le
grand point est de savoir
se servir des couleurs,
dont le choix n'est en
somme qu'affaire
d'habitude... MONET

C'est ainsi qu'il aboutit à la fin de sa vie à la disparition de l'objet dans le tableau et c'est l'annonce de la peinture abstraite contemporaine.

C'est à Giverny qu'il commence ses fameuses "Séries" qui vont le rendre célèbre. Il exécute la série des vingt-cinq "Meules" entre 1888 et 1891. Il expose chez Durand-Ruel en 1892 une série de vingt-quatre Peupliers; il peint entre 1892 et 1898 la série des Cathédrales, la série des "Matinées sur la Seine", puis les Ponts Japonais, les Glycines, les Nymphéas où le ciel et les nuages jouent entre les herbes, les fleurs. Tout se reflète sur une surface qui n'est qu'illusion. Et ce sera enfin l'apothéose

"Claude Monet traite les ondes lumineuses, comme le musicien les ondes sonores. Les deux sortes de vibrations se correspondent. Leurs harmonies obéissent aux mêmes lois inéluctables, et deux tons se juxtaposent en peinture, suivant des nécessités aussi rigoureuses que deux notes en harmonie. Mieux même : les différents épisodes d'une série s'enchaînent comme les différentes parties d'une symphonie. Le drame pictural se développe suivant les mêmes principes que le drame musical."
GRAPPE

Ci-contre : Claude Monet
"La Maison de l'Artiste vue du Jardin aux Roses" 1922-1924 - Huile sur toile 89 x 92 cm.
Musée Marmottan, Paris.

A gauche : Monet devant le pont Japonais

avec les "Décorations des Nymphéas" où d'un progressif effacement des formes naît le triomphe de la couleur.

A l'époque où il s'installe à Giverny, il a les plus grandes difficultés financières et le marchand Durand-Ruel l'aide à vivre confortablement ainsi que sa nombreuse famille. Lorsqu'il devient plus connu et que ses toiles commencent à bien se vendre, il se décide à acheter la maison pour la somme de 22 000 fancs. Il transforme alors le jardin, construit trois serres, achète de l'autre côté du chemin du Roy un terrain où, après mille difficultés administratives il réussit à creuser le fameux étang et construit le Pont Japonais d'après une esquisse, en 1895. Il se marie avec Alice Hoschedé en 1892; respectée et respectable, elle équilibre sa vie.

"Je veux peindre l'air dans lequel se trouve le pont, la maison, le bateau. La beauté de l'air où ils sont, et ce n'est rien d'autre que l'impossible." MONET

Après son installation
à Giverny Claude Monet
s'attachera à suivre dans
sa peinture les subtils
effets de la course
solaire, les variations
d'éclairage d'un même
sujet au long des heures
et des saisons. Dans les
«séries» le principal
sujet n'est plus le
paysage lui-même, mais
ses changements
de luminosité
et de coloration.

Cézanne, Renoir, Sisley, Pissarro, Matisse, John Singer Sargent, le critique Gustave Geffroy, Octave Mirbeau, lui rendent visite. Il se lie de la plus grande amitié avec Georges Clemenceau qui l'entourera de son admiration et de son affection jusqu'à sa mort. Il ne comprend pas et ne supporte pas la peinture de Gauguin, mais il apprécie Vuillard : "un très bon œil", Maurice Denis : "un très joli talent". Après déjeuner, il aime montrer à ses amis sa collection particulière disposée au premier étage de sa maison.

En 1899, il construit un second atelier très bien éclairé, à gauche du jardin, devant les serres. Il installe aussi un garage, une chambre noire pour la photographie, deux chambres à coucher. A cette époque, les marchands se disputent ses faveurs. Il confie ses toiles à Boussod et Valadon, aux frères Bernheim, à Georges Petit et Durand-Ruel s'en trouve fort meurtri. Mais c'est chez lui qu'il expose en 1900 une magnifique série de Nymphéas et devient célèbre en France, en Angleterre, aux Etats-Unis.

C'est aussi en 1899 que meurt Suzanne, sa belle-fille, dont la perte laissera sa mère inconsolable.

Les expositions, les voyages en Norvège, à Londres, en Italie, sur les côtes normandes se succèdent.

En mai 1911, la disparition d'Alice, son épouse, le laisse désemparé. Il est heureusement entouré de

Ci-contre :
Claude Monet

"La Maison de Giverny
vue du Jardin aux Roses"
1922-1924 - Huile sur toile
89 x 100 cm.
Musée Marmottan, Paris.

"Tandis que
vous cherchez
philosophiquement le
monde en soi, j'exerce
simplement mon effort
sur un maximum
d'apparences, en étroites
corrélations avec
des réalités inconnues."
MONET

sa belle-fille Blanche et de Georges-Clemenceau. Son fils Jean, époux de Blanche, meurt à son tour en 1914.

Très ébranlé, il souffre d'un début de cataracte; il est encouragé par Clemenceau à pousser encore plus loin ses recherches picturales. Il rêve alors d'entreprendre ce qu'il nomme les "Décorations des Nymphéas" et il construit pour cela, entre 1914 et 1915, un très vaste et très inesthétique atelier en haut du jardin, à gauche. Il commence son immense travail en 1916 qui aboutit, après des péripéties, à la donation à la France d'une magnifique série de toiles, le 12 avril 1922.

Opéré de l'œil droit en janvier et juillet 1923, il meurt neurasthénique et épuisé le 5 décembre 1926.

Michel Monet, son second fils, hérite de ses biens de son père qu'il adorait, mais il y avait chez le père comme chez le fils une impossibilité à communiquer malgré la grande affection qui existait entre eux. Il habite à Sorel, en Eure-et-Loir mais vient de temps à autre à Giverny où tout est demeuré en place, gardé religieusement par sa belle-sœur Blanche.

Elle veille sur la propriété, les jardins, sur la mémoire du maître jusqu'à sa mort après la guerre de 1940. Le jardinier-chef, Lebret, disparaît également et la garde est confiée à un aide-jardinier. Le jardin est peu à peu délaissé, un grand nombre des toiles vendu et, lors d'un retour de Giverny à l'âge de 88 ans, Michel, victime d'un accident de voiture, meurt le 19 janvier 1966.

Michel, par testament, lègue l'ensemble de la propriété à l'Académie des Beaux-Arts. En 1977, nommé par mes confrères Conservateur de Giverny, j'entreprends immédiatement le sauvetage des jardins, grâce à un crédit de l'Institut, grâce aussi à une dotation du Conseil Général de l'Eure, de la Préfecture de l'Eure et de la Société

A travers les buissons d'azalées bordant la rive nord de l'étang apparaît le petit pont qui enjambe l'arrivée d'eau en provenance de l'Epte.

Son but était de noter, développer, fixer les souvenirs spécifiques à un lieu élu, aux changements de saisons, d'heures, de temps, de climat, de lumière, de chaleur, de couleur, changements liés à la marche d'un seul jour. GURALNIK

C'est dans l'atelier situé
à l'angle nord-ouest de la
propriété que le maître
montrait aux marchands
ses tableaux, c'est là
qu'il peignait lorsque
l'œuvre était vendue, les
bords de la toile jusque
là inachevés. L'atelier
contient à présent des
bibliothèques vitrées où
se trouvent les livres de
Claude Monet tous reliés
à neuf et catalogués.
Beaucoup sont
dédicacés beaucoup ont
trait à l'art culinaire et à
la botanique.

*"Cette vision décorative est un repos
après qu'on a parcouru le jardin combiné comme une palette,
où les massifs sont disposés en éclatances et en magies de tons, où le regard
s'éblouit de polychromies vibrantes. Toute cette installation de Giverny,
c'est une ambiance que le peintre s'est ménagée, et de vivre là lui est
une permanente contribution à son œuvre; pendant le temps
de loisir — il reste parfois des mois sans rien faire — il continue
sans en avoir l'air, rien qu'en se promenant, son travail;
son œil contemple, étudie, emmagasine...
Son atelier, c'est la nature."* GUILLEMOT

La dérivation de l'Epte qui vient alimenter l'étang du Jardin d'eau est animée d'un courant assez rapide. Entre les rives bordées de pétasites la lumière glissant sous les cerisiers à fleurs compose ces étranges effets recherchés par les peintres impressionnistes.

L'embarcadère et la "barque du peintre" à travers les buissons d'azalées de la rive nord.

"Richesses de l'Eure". J'engage alors, en tant que chef-jardinier M. Vahé, un brillant élève de l'Ecole Nationale d'Horticulture.

Georges Truffaut, reçu à la table du maître, allait souvent lui rendre visite à Giverny. Un jeune homme l'accompagnait, M. André Devillers, qui devint plus tard Directeur Général des Etablissements Georges Truffaut. Aidé par M. Thibaudin, il a bien voulu me faire profiter largement et efficacement de son expérience et de ses souvenirs. Je dois également beaucoup aux longues et minutieuses études sur une reconstitution théorique de ces jardins faites par M. Toulgouat (arrière-neveu de Claude Monet) et son épouse. Enfin, j'ai reçu également les avis éclairés de André de Vilmorin. Qu'ils en soient tous remerciés ici. Grâce à eux, grâce au talent et au travail de M. Vahé, un miracle s'est accompli, le jardin a enfin retrouvé son visage. Les crédits de l'Institut étant épuisés, mon épouse (Américaine,

Présidente de la "Versailles Foundation") et moi-même partons aux Etats-Unis où nous sommes autorisés à accepter, à travers la "Versailles Foundation", les dons pour Giverny déductibles, par les donateurs, de leurs impôts américains. Une grande amie de la France, admiratrice fervente de Claude Monet, Mrs Lila Acheson Wallace, nous offre généreusement une très importante donation.

D'autres amis de New-York, de Washington, de Chicago, de Palm Beach, de la Nouvelle-Orléans, de Dallas, de Houston, de Los Angeles, de San Francisco, et bien sûr aussi, de France nous offrent également leur participation. L'ambassadeur Walter Anenberg donne spontanément une importante somme

La glycine mauve longtemps délaissée s'élance de nouveau dans les superstructures du Pont Japonais reconstruit.

"...Avec vous c'est une autre affaire. L'acier de votre rayon visuel brise l'écorce des apparences, et vous pénétrez la substance profonde pour la décomposer en des véhicules de lumière que vous recomposez du pinceau, afin de rétablir subtilement, au plus près de sa vigueur, sur nos surfaces rétiniennes l'effet des sensations. Et tandis qu'en regardant un arbre, je ne vois rien qu'un arbre, vous, les yeux mi-clos, vous pensez :"Combien de tons de combien de couleurs aux transitions lumineuses de cette simple tige?"
CLEMENCEAU

pour relier les jardins aux étangs par un tunnel (passant sous la nouvelle route qui, hélas a remplacé l'ancien chemin du Roy).Si les deux parties de la propriété demeurent séparées, ce souterrain permet aux visiteurs de parcourir l'ensemble sans discontinuité.

La Fondation Claude Monet reçoit chaque année, du monde entier, de nombreux visiteurs.

Claude Monet
"Nymphéas. Effet du Soir"
1897-1898 - Huile sur toile
73 x 100cm. Détail.
Musée Marmottan, Paris.

Claude Monet
"Nymphéas"
1903 - Huile sur toile
73 x 92 cm.
Musée Marmottan, Paris.

En raison du succès grandissant du maître, Giverny dès 1890 attira peu à peu des peintres américains.

Le premier fut Théodore Robinson, présenté par un ami à Claude Monet; il déménage de Fontainebleau pour s'établir à Giverny. Un autre artiste américain, Metcalf, s'installe à l'auberge Baudy et est invité à déjeuner par Claude Monet.

Puis , c'est l'invasion dont Monet se désespère : le belge Théo van Ruysselberghe, William Hart, Miss Wheeler, le tchèque Radinsky, le norvégien Thornley, l'écossais Watson, les américains Beckwith, Théodore Butler, Johnstone, Finn, Perry, Hart Friescke, Mary Cassat, Rosc, etc. et l'auberge devient l'hôtel Baudy. Après la disparition de Claude Monet, certains surréalistes s'installent également à Giverny.

Un grand nombre de peintres abstraits ont parlé de l'in-

S'il l'osait,
un philosophe rêvant
devant un
tableau d'eau de Monet,
développerait les
dialectiques de l'iris
et du nymphéa, la
dialectique de la feuille
droite et de la feuille
calmement, sagement,
pesamment appuyée sur
les eaux. N'est-ce pas la
dialectique même de la
plante aquatique : l'une
veut surgir animée d'on
ne sait quelle révolte
contre l'élément natal,
l'autre est fidèle à son
élément. Le nymphéa
a compris la leçon de
calme que donne une
eau dormante. Avec un
tel songe dialectique, on
ressentirait peut-être, en
son extrême délicatesse,
la douce verticalité qui
se manifeste dans la vie
des eaux dormantes.
Mais le peintre sent tout
cela d'instinct et il sait
trouver dans les reflets
un sûr principe qui
compose en hauteur le
calme univers de l'eau.
BACHELARD

Claude Monet
"Nymphéas"
1916-1919 - Huile sur toile
200 x 180 cm.
Musée Marmottan, Paris.

"Jusque-là je ne connaissais que l'art naturaliste et, à vrai dire, presque exclusivement les Russes(...) Je trouvais qu'on n'avait pas le droit de peindre d'une façon aussi imprécise. Je sentais sourdement que l'objet (le sujet) manquait dans cette œuvre. Mais je constatais avec étonnement et confusion qu'elle ne faisait pas que surprendre, mais qu'elle s'imprimait indélébilement dans la mémoire et qu'elle se reformait devant vos yeux dans ses moindres détails. Tout ceci restait confus en moi, et je ne pouvais pas encore prévoir les conséquences naturelles de cette découverte. Mais ce qui s'en dégagea clairement c'est la puissance incroyable, inconnue pour moi, d'une palette qui dépassait tous mes rêves. La peinture m'apparut comme douée d'une puissance fabuleuse. Mais inconsciemment l'Objet employé dans l'œuvre, en tant qu'élément indispensable, perdit pour moi de son importance. En somme un petit morceau de mon Moscou enchanteur existait déjà sur cette toile." KANDINSKY

"Monet et Gustave Geffroy"
Photo prise par Sacha Guitry

fluence des dernières toiles de Monet sur leurs œuvres. Les "Nymphéas" ne sont pas pour eux une représentation décorative mineure "post-impressionniste" mais plutôt une démarche au-delà de l'impressionnisme. C'est l'interprétation verticale d'un spectacle horizontal — la surface d'eau —, l'oubli de toute limite traditionnelle. Le jeu des reflets, seul, rend présente la nature alentour, les couleurs explosent au détriment de la forme figurative. "La peinture en reçut une force et un éclat fabuleux. Mais inconsciemment aussi l'objet, en tant qu'élément indispensable du tableau, en fut discrédité" écrira Kandinsky. Mais il faudrait citer aussi André Masson, Joan Mitchell et reconnaître l'influence de Monet dans les tableaux de bien des artistes contemporains, comme Pollock, Sam Francis, Judith Reigl, etc.

Ainsi peut-on considérer Claude Monet : non seulement comme un des plus grands peintres de son temps, mais aussi comme un précurseur.

*"...C'est là que Monet venait chercher l'affinement
des sensations les plus aiguës. Pendant des heures, il restait là,
sans mouvement, sans voix, dans son fauteuil, fouillant
de ses regards, cherchant à lire dans leurs reflets, ces dessous des choses
éclairées, au passage, des lueurs insaisissables
où se dérobent les mystères. Le dédain de la parole pour
affronter le silence des fugitives harmonies.
Voir, n'était-ce pas comprendre?..."*
GEORGES CLEMENCEAU

Claude Monet
"Nymphéas"
1916-1919 - Huile sur toile
150 x 197 cm.
Musée Marmottan, Paris

Claude Monet
par Sacha Guitry

LA MAISON DE GIVERNY

La maison, elle aussi, a retrouvé son visage. Lorsque l'Académie des Beaux-Arts en prend possession en 1966, c'est l'architecte académicien Jacques Carlu qui en est le conservateur. Il en restaure immédiatement

Comme au temps du maître, entre habitation et jardin renaît une harmonieuse cohésion.

Le second atelier, construit en 1899, a été complètement restauré.

la toiture mais, faute de crédits, les intérieurs sont laissés sans chauffage; le climat humide fait que les meubles se disloquent, envahis par les champignons, les boiseries, les parquets, les poutres des plafonds pourrissent, un escalier s'écroule... Dans le second atelier face aux serres il en est de même, ainsi que dans l'"atelier des nymphéas" où de jeunes pousses d'arbres commencent à grandir.

Utamaro Kitagawa
(1753 - 1806)
"Une jeune femme
se coiffe et donne le sein
à son enfant distrait"

La salle à manger au
décor reconstitué.

Jacques Carlu transporte les quarante-six toiles du maître léguées par son fils au Musée Marmottan où elles sont présentées dans un local nouveau. Les estampes japonaises moisies, aux cadres rongés de vers, sont mises en caisse. Les porcelaines, les vases de céramique, les meubles restent en place ainsi que les cuivres de la cuisine.

C'est dix ans plus tard, grâce à la donation Lila Acheson Wallace, grâce à l'aide éclairée de son avocat Williams Barnabas McHenry que, nommé conservateur de la Fondation Claude Monet, je peux, avec le concours compétent et dévoué de Georges Luquiens, architecte de l'Institut, entreprendre la restauration de fond en comble de l'ensemble des bâtiments.

La façade de la maison centrale est ravalée. Avec son crépi rose de briques pilées et ses portes et volets verts, n'évoque-t-elle pas irrésistiblement un tableau impressionniste du siècle dernier? C'est Claude Monet qui a

鶯

笹乃家玲成

choisi ce vert pour les bancs et les ferrures de son jardin comme pour les portes, les volets et les bois de la terrasse où il aimait souvent s'asseoir après diner. A droite de l'entrée, la salle à manger (à l'origine il y avait là une petite chambre et une petite cuisine) a retrouvé sur les murs et sur les meubles ses deux jaunes légèrement différents. Sa vaisselle, dont il reste quelques pièces aux tons s'harmonisant avec les couleurs de la salle à manger, avait été commandée à Limoges. Les rideaux ont été reconstitués, les mêmes "bleu de Chine" ornent les buffets vitrés et les mêmes gravures japonaises, assainies, réencadrées, identifiées ornent aux mêmes emplacements cette pièce célèbre, étonnamment vivante et évocatrice. Claude Monet commence en 1871 sa collection d'estampes japonaises et l'on peut dire que c'est lui qui lance ce goût japonisant chez les peintres de son temps.

Il montre dans ses achats le goût le plus sûr, il aime particulièrement Utamaro, Hiroshige, Hokusaï, Toyokuni, Kiyonaga, Sunsho, Sharaku dont les œuvres ont été identifiées par l'historien d'art anglais, David Bromfield. C'est grâce à la générosité d'Hélène David Weill que non seulement les gravures mais tous les meubles ont pu être restaurés.

C'est sur l'emplacement d'une petite grange que Claude Monet, agrandissant sa maison, bâtit sa cuisine. Elle aussi était en très mauvais état. Elle brille à présent de tout l'éclat de ses faïences bleues et blanches et de ses

Ci-dessus
Hiroshige Utagawa
(1797 - 1868)
"Les rizières d'Asakusa
pendant la fête du coq"

Ci-contre
Utamaro Kitagawa
(1753 - 1806)
"Hibou sur un tronc
d'arbre et
deux rouges gorges".

Chikanobu Yōshu
(1838 - 1912)
"Les pêcheuses d'awabi
plongeant dans la mer
de la province de
Sgami".

La cuisine a retrouvé ses
faïences et ses cuivres

*"Il est vrai qu'à Giverny, Monet est toujours
un peu au Japon. Il vit en compagnie des paysages
d'Hiroshige et d'Hokusai qui probablement satisfont en partie
ses aspirations de voyageur s'il en éprouve.
Déjeuner devant "La route de Kiso", feuilleter une revue dans le salon mauve
en compagnie de "La Vague" ou se rendre à l'atelier-salon
en passant devant les "Navires Occidentaux à Yokohama"
ou "Les Rochers Jumeaux"
tout cela est son dépaysement quotidien."* JOYES

cuivres restaurés et étamés à neuf. Le fourneau (dont l'intérieur est hors d'usage) a repris son aspect, l'évier est là, la balance, les poids, la machine à coudre... Tout cet ensemble évoque bien le mode de vie bourgeoise à la campagne à la fin du XIXe siècle.

Un des aspects les plus intéressants de la Fondation Claude Monet est la collection d'estampes japonaises rassemblée par le maître. Outre la salle à manger et le salon au rez-de-chaussée de la maison, plusieurs pièces à l'étage sont consacrées à cette collection qui sera certainement pour beaucoup de visiteurs une passionnante découverte.

A gauche de l'entrée, face à la salle à manger, se trouve un petit salon de lecture dont les meubles restaurés sont également authentiques; cette pièce donne sur une seconde entrée que Claude Monet utilisait souvent, soit pour monter dans sa chambre, soit pour aller s'asseoir dans son atelier qui lui servait aussi de salon après chaque repas. Cette pièce (comme sa propre chambre à coucher au premier étage) est construite sur l'emplacement d'une grange sans étage au sol en terre battue. Là aussi, l'évocation est criante de vérité, les meubles sont là, très simples, son chevalet, ses sièges de rotin, son canapé sur lequel dort un chat en porcelaine (don de Pierre Sicard) jusqu'à son tapis de corde nettoyé et réparé. Aux murs, sur trois rangs, Claude accrochait ses toiles. Grâce à son nouveau procédé de reproduction en couleurs et en relief, Gérard Delorme, très généreusement a offert des reproductions à l'identique des toiles célèbres du maître qui donnent vie et saveur aux murs de cet atelier.

A l'étage se trouve, au-dessus de l'atelier, la chambre à coucher du maître; c'est là qu'il vécut de 1883 à 1926, c'est là qu'il s'est éteint. Tout le mobilier existe, dont un superbe bureau en marqueterie du XVIIIe siècle et une très belle commode ancienne.

L'étoffe tendue sur les murs a été reconstituée, celle des fauteuils également. A côté se trouve son cabinet de toilette, puis celui d'Alice, son épouse, et sa chambre à

Kunisada Utagawa
(1780 - 1865)
"Les pêcheuses
d'awabi".

Le salon-atelier
vers 1905

coucher. De l'autre côté de l'escalier central se trouvaient les chambres des enfants et, au grenier, celles du personnel. C'est dans sa chambre et dans les pièces y attenant que Claude Monet avait la collection qu'il aimait montrer à ses amis. C'est là que se trouvaient les toiles achetées ou données par les peintres dont il estimait le talent. On pouvait y voir douze Cézanne, dont "le Nègre Scipion"; de Renoir : un portrait de Claude Monet et de sa femme, un autre portrait de Madame Monet lisant le Figaro, deux nus et "la Casbah d'Alger"; huit Manet, cinq Berthe Morisot, deux Degas, trois Delacroix, un Fantin-Latour, des Pissarro, un Signac, un Vuillard, "la Pluie" de Caillebotte, quatre Jongkind, deux bronzes de Rodin... Magnifique ensemble dispersé aujourd'hui dans tous les musées du monde!

Le salon-atelier à l'angle
ouest de la maison

à Geffroy le 28 mars 1893
"...et je me dis que celui qui dit avoir fini une toile est un terrible orgueilleux. Finir voulant dire complet, parfait, et je travaille à force sans avancer, cherchant, tâtonnant, sans aboutir à grand chose..."
MONET

La chambre d'Alice,
épouse de Claude Monet

Utamaro Kitagawa
(1753 - 1806)
"Une mère attentive
au jeu de son enfant".

Page de gauche :
La chambre
de Claude Monet.

LE CLOS NORMAND

Le Clos normand est conçu à la française, il est devant la maison, les allées le découpent en lignes droites et malgré la profusion, la variété et l'éclat des couleurs au cours des saisons, il est ordonné.
Où qu'il habite, Claude Monet a un jardin, à Ville-d'Avray, Louveciennes, Argenteuil (où son goût pour le jardinage s'accentue au contact de son ami Caillebotte) et à Vétheuil.

Aucune exposition, centrée sur le Giverny de Monet, ne peut présenter de peintures dans un contexte uniquement abstrait. Elle doit aussi tenir compte de ce que le jardin lui-même s'entrelace à la texture de chaque œuvre. C'est ce jardin, tour de force du maître jardinier Monet, lequel en avait conçu chaque aspect avant d'en abandonner l'exécution à un personnel spécialisé, que les peintures rendent immortel. L'aménagement des parterres, des chemins, du bassin aux nymphéas et de la passerelle, n'est pas plus l'objet du hasard que les nombreuses et frappantes juxtapositions de couleurs et les larges coups de pinceau des dernières toiles qui les représentent.

PH. DE MONTEBELLO

LE CLOS NORMAND : A
La maison - 1
Le deuxième atelier - 2
L'atelier des Nymphéas - 3
Les serres - 4

LE JARDIN D'EAU : B
Arrivée de l'eau à l'étang - a
Bassin aux Nymphéas - b

PASSAGE SOUTERRAIN : C
reliant les jardins

Ruelle de l'Amsicourt

PARKING

ENTREE

Rue Claude Monet

VERNON

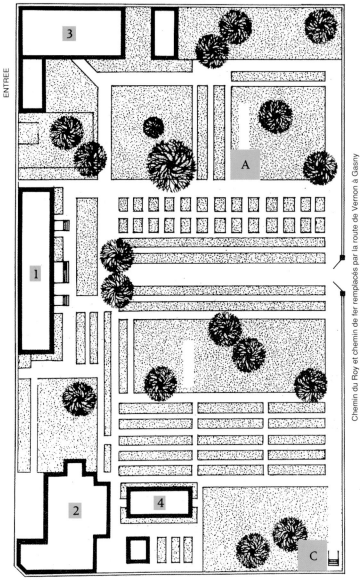

N

Chemin du Roy et chemin de fer remplacés par la route de Vernon à Gasny

A Giverny, il dispose enfin d'un verger coupé en son milieu par une grande allée flanquée de deux larges plates-bandes et débouchant sur le chemin du Roy. Les plates-bandes étaient plantées d'épicéas, d'ifs et de massifs de buis. Après des discussions douloureuses et sans fin avec Alice, il garde les deux ifs devant la maison et remplace les épicéas et les buis par des arceaux métalliques et, sous la voûte de roses, le chemin central se borde de fleurs et de capucines rampantes. Son chef jardinier est le fils de celui d'Octave Mirbeau, Félix Breuil, qui a cinq aides sous ses ordres!

Du côté ouest, il transforme le verger en pelouses parsemées de touffes d'iris et de pavots d'orient, plantées de cerisiers et de pommiers du Japon.

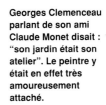

Georges Clemenceau parlant de son ami Claude Monet disait : "son jardin était son atelier". Le peintre y était en effet très amoureusement attaché.

"...Avec tout le monde, j'ai déjà noté qu'à la distance où Monet se place nécessairement pour peindre, le spectateur n'aperçoit sur la toile qu'une tempête de couleurs follement brassées. Quelques pas de recul et voici que sur ce même panneau la nature se recompose et s'ordonne à miracle, au travers de l'inextricable fouillis des taches multicolores qui nous déconcertaient à première vue. Une prestigieuse symphonie de tons succède aux broussailles de couleurs emmêlées. Comment Monet, qui ne se déplaçait pas, pouvait-il saisir, du même point de vue, la décomposition et la recomposition des tons qui lui permettaient d'obtenir l'effet cherché?..."CLEMENCEAU

Il aménage le côté est en planches régulières garnies de glaïeuls, de pieds d'alouette, de phlox, de marguerites, d'asters etc. Le long de chaque planche, un treillis métallique supporte à son sommet une somptueuse draperie de clématites ondulant au vent, bordée un peu plus bas par des roses grimpantes. L'effet est ravissant. Les bordures sont garnies de plantes de rocailles à dominante bleue et les plantes annuelles alternent avec les vivaces de façon à maintenir une constante floraison.

"J'ai enfin trouvé des ravenelles. Il y a de bons jardiniers ici. Donc il arrivera à Vernon plusieurs papiers, qu'il faudra déballer avec soin, il y aura d'autres plantes, des plantes vivaces, puis des passiflores pour la serre tempérée, ainsi que deux très jolies fleurs jaunes et deux petites capucines curieuses.
MONET A ALICE HOSCHEDE

Claude Monet
"L'Allée des Rosiers.
Giverny"
1920-1922 - Huile sur toile
89 x 100 cm.
Musée Marmottan, Paris.

Page de droite :
Monet dans l'allée aux
Rosiers

"On me les apporte les
unes après les autres.
Dans l'atmosphère, une
couleur réapparaît
qu'hier j'avais trouvée et
esquissée sur une de ces
toiles. Vite on me passe
ce tableau et je cherche
autant que possible à
fixer définitivement cette
vision. Mais en général,
elle disparaît aussi rapi-
dement qu'elle a surgi
pour faire place à une
autre couleur déjà posée
depuis plusieurs jours
sur une autre
étude que l'on met ins-
tantanément devant
moi[...] et comme cela
toute la journée..."
MONET

Le jardin, bien sûr, change de couleur à chaque saison. C'est d'abord au printemps les narcisses en quantité suivis par les tulipes, les azalées, les rhododendrons, les lilas et les glycines, les iris qu'il aime particulièrement et qu'il plante en longues et larges rangées, puis les pivoines en arbres ou herbacées données par ses amis

japonais. Suivent les campanules, les hémérocalles, les lis, les delphiniums, les lupins, les coquelicots.

Puis c'est juin, c'est l'été avec l'ipomée, le pois de senteur, la campanule, la gaillarde, les mufliers, les rosiers sous toutes leurs formes, les giroflées, les ancolies, les digitales, les capucines, les phlox, la gentiane, la sauge... C'est septembre avec les dahlias à fleurs simples et les dahlias cactus, les anémones du Japon, les hélianthus sparcifolius, les soleils, les roses trémières, les centaines d'asters...

"Pour le reste, qu'importent les formes? qu'importe le sujet? qu'importe le paysage lui-même que l'on veut peindre? qu'importent ces éléments, ces masses prodigieuses qui luttent sans relâche? M. Monet sait bien qu'il n'y a en fait qu'une chose réelle : c'est la lumière. Il sait que sans elle tout serait de l'ombre, tout demeurerait dans une nuit chaotique. C'est elle qui est toute puissante, c'est elle qui magnifie les formes, les fait apparaître en beauté, renouvelle leur éclat, métamorphose leurs apparences, déplace leurs contours et les anime; c'est elle qui peuple l'univers de ses impondérables atomes, le pare d'une poésie sans cesse rénovée et éternelle." GRAPPE

Claude Monet
"Iris jaunes et mauves"
1924-1925 - Huile sur toile
106 x 155 cm.
Musée Marmottan, Paris.

Dans ses trois serres il cultive des bégonias grimpants, des fougères exotiques et une superbe collection d'orchidées.

"Après avoir vu Claude Monet dans son jardin, disait Kahn en 1904, on comprend mieux comment un tel jardinier devint un si grand peintre." Et Claude Monet disait de lui-même : "en dehors de la peinture et du jardinage, je ne suis bon à rien!"

A droite :
Monet retouchant
la périphérie
d'un tableau dans l'atelier.

LE JARDIN D'EAU

"L'homme absent, mais tout entier dans le paysage..." CEZANNE

Si le promeneur distingue le plus souvent à travers de courtes perspectives les divers aspects du Jardin d'eau parfois, comme dans les œuvres du peintre des nymphéas, cette profondeur s'abolit partiellement dans la réalité même. Au sein du foisonnement végétal des bords de l'étang prédominent, comme le voulut Claude Monet, les effets d'éclairage. Les fleurs aux contours atttténués sont des taches de couleur offertes aux mouvements de l'air, aux jeux infinis de la lumière et de l'ombre.

Le Jardin d'eau - C'est en 1893 que Claude Monet achète ce terrain séparé du Clos normand par la petite ligne de chemin de fer et par le chemin du Roy.
C'est après de nombreuses et difficiles démarches administratives qu'il creuse ses étangs. Il construit en 1895 son fameux Pont Japonais aux élégantes superstructures, entièrement reconstitué aujourd'hui.

Ci-dessus
Claude Monet
"Le Bassin des Nymphéas"
"Harmonie verte"
1899 - Huile sur toile
80 x 60 cm.
Musée d'Orsay, Paris.

Ci-contre
Claude Monet
"La Barque"
1887 - Huile sur toile
146 x 133 cm.
Musée Marmottan, Paris.

"...L'effet, d'ailleurs, varie incessamment. Non seulement d'une saison à une autre, mais d'une minute à l'autre, car les fleurs d'eau sont loin d'être tout le spectacle; elles n'en sont, à vrai dire, que l'accompagnement. L'essentiel du motif est le miroir d'eau dont l'aspect, à tout instant, se modifie grâce aux pans de ciel qui s'y reflètent, et qui y répandent la vie et le mouvement. Le nuage qui passe, la brise qui fraîchit, le grain qui menace et qui tombe, le vent qui souffle et s'abat brusquement, la lumière qui décroît et qui renaît, autant de causes, insaisissables pour l'œil des profanes, qui transforment la teinte et défigurent les plans d'eau." MONET

Claude Monet
"Le Pont Japonais"
1918-1919 - Huile sur toile
74 x 92 cm.
Musée Marmottan, Paris.

"J'ai repris des choses impossibles à faire : de l'eau avec de l'herbe qui ondule dans le fond...c'est admirable à voir, mais c'est à rendre fou de vouloir faire ça. Enfin je m'attaque toujours à ces choses là!" MONET

"...Ce "poudroiement" des choses rencontré par Monet au bout de son pinceau, je n'y vois rien qu'une heureuse transposition des réalités cosmiques, telles que la science moderne nous les a révélées. Je ne prétends pas que Monet ait reproduit les danses des atomes. Je dis simplement qu'il nous a fait faire un grand pas vers la représentation émotive du monde et de ses éléments par des distributions de lumières correspondant aux ondes vibratoires que la science nous découvre. Veut-on que notre présente conception atomique puisse changer? Le génie de Monet ne nous en aura pas moins fait faire un incomparable progrès dans nos sensations du monde, dont il faudra toujours tenir compte quel que soit l'avenir de nos assimilations..."

CLEMENCEAU

Page de droite :
Claude Monet
"Le Pont Japonais"
1918-1924 - Huile sur toile
89 x 100 cm.
Musée Marmottan, Paris.

Dans la revue Jardinage, en 1924, Georges Truffaut décrit ce jardin d'eau alors dans toute sa splendeur : "L'étang alimenté par l'Epte est encadré de saules de Babylone aux rameaux dorés. Les fonds et les bords sont garnis d'une masse de plantes de terre de bruyère, fougères, kalmias, rhododendrons, azalées, houx.

Les bords des eaux sont ombragés d'un côté par des rosiers à forte végétation et l'étang lui-même est planté de toutes les variétés connues de nénuphars. Sur les berges, des iris sibirica, de Virginie, du Japon, kaempferi accentués par des pivoines en arbre, du Japon, herbacées, des groupes de cytises, d'arbres de Judée...

Claude Monet
"Le Pont Japonais"
1918-1924 - Huile sur toile
89 x 100 cm.
Musée Marmottan, Paris.

Une importante plantation de bambous forme un bois dense. Sur les bords encore, des pétasites à feuillage énorme, sur les pelouses des thalictrums à feuilles découpées, certaines fougères à fleurs légères et cotoneuses, roses ou blanches, des glycines... On y trouve encore des tamaris et l'ensemble est parsemé de rosiers sur haute tige et de rosiers buissonnants".

Le Jardin d'eau, au contraire du Clos normand, est asymétrique, japonisant, exotique, propre à la rêverie, tenant à cette tradition orientale de la contemplation philosophique de la nature.

"...C'est là que Monet venait chercher l'affinement des sensations les plus aiguës. Pendant des heures, il restait là, sans mouvement, sans voix, dans son fauteuil, fouillant de ses regards, cherchant à lire dans leurs reflets, ces dessous des choses éclairées, au passage, des lueurs insaisissables où se dérobent les mystères. Le dédain de la parole pour affronter le silence des fugitives harmonies. Voir, n'était-ce pas comprendre?..."

CLEMENCEAU

Claude Monet
"Le Pont Japonais"
vers 1923 - Huile sur toile
89 x 100 cm.
Musée Marmottan, Paris.

"...la nuit je suis obsédé par ce que je cherche à faire. Je me lève le matin rompu de fatigue. L'aube me rend courage, mais mon anxiété revient dès que je mets les pieds dans l'atelier. Que c'est difficile de peindre...c'est une vraie torture. L'automne dernier j'ai brûlé six toiles avec les feuilles mortes de mon jardin. C'est assez pour vous faire perdre tout espoir. cependant, je ne voudrais pas mourir sans avoir dit tout ce que j'ai à dire; ou au moins tenté de le dire. Et mes jours sont comptés... Demain qui sait..."
MONET

Il a une importance capitale dans l'œuvre de Claude Monet. C'est là que, sa vie durant, il revient sans cesse rêver aux jeux subtils de l'eau et de la lumière. C'est là qu'il peint ses premières séries de Nymphéas et c'est à partir de ces merveilleuses toiles qu'il conçoit à la fin de sa vie, en conclusion, ses fameuses "Décorations" qui bouclent le cycle de son œuvre géniale, annonçant d'une façon irrésistible, Kandinsky ne s'y est pas trompé, tout le mouvement de la peinture abstraite!

"J'ai mis du temps à comprendre mes nymphéas...Je les avais plantés pour le plaisir; je les cultivais sans songer à les peindre... Un paysage ne vous imprègne pas dans un jour...Et puis, tout d'un coup j'ai eu la révélation des fééries de mon étang. J'ai pris ma palette. Depuis ce temps je n'ai guère eu d'autre modèle." MONET

L'Atelier des
NYMPHEAS

Il est construit en 1916, (sur l'emplacement d'une mauvaise masure) pour pouvoir peindre aisément, avec une bonne lumière, les grandes "Décorations des Nymphéas" dont le maître offrira la plus belle série à la France en 1922, à l'instigation de Georges Clemenceau. C'est donc ici le berceau du testament artistique de Claude Monet. Cet atelier, en très mauvais état, a été restauré à grand frais, grâce à deux importantes donations de Michel David Weill. Les chevalets et quelques tréteaux roulants sont encore là ainsi que le canapé, tandis que les murs sont ornés de reproductions données par Gérard Delorme, évoquant à merveille les toiles de grandes dimensions.

Claude Monet dans
l'atelier des Nymphéas.

Le visiteur pénètrera
dans l'univers familier du
maître de Giverny en tra-
versant le vaste atelier
des Nymphéas baigné de
cet éclairage dans lequel
naquirent "Décorations".
Ce n'est point en effet
sur les bords de l'étang
que furent peintes
la plupart des grandes
toiles consacrées
au jardin d'eau
mais dans cet atelier.

FONDATION
CLAUDE MONET

BIBLIOGRAPHIE
Nous avons eu recours pour écrire
ce petit ouvrage principalement à :
Arsène Alexandre : «Le jardin de
Monet»
Le Figaro, 9 août 1901
Maurice Kahn : «Le jardin de
Claude Monet»
Le Temps, 7 juin 1904
Louis Vauxcelles : «Un après-midi
chez Claude Monet»
L'Art et les Artistes, 15 mai 1909
Roger Marx : «Les Nymphéas de M.
Claude Monet»
La Gazette des Beaux-Arts, 1909
Gustave Geffroy :« Claude Monet,
sa vie, son temps, son œuvre»
Paris, 1912
Georges Truffaut : «Le jardin de
Claude Monet»
Jardinage 87, novembre 1924
Georges Clemenceau : «Claude
Monet - Les Nymphéas»
Paris, 1928
Jean-Pierre Hoschedé : «Claude
Monet ce mal connu»
Genève, 1960
René Gimpel : «Journal d'un
collectionneur, marchand de
tableaux»
Paris, 1963
Paulette Howard Johnston : «Une
visite à Giverny en 1924»
L'œil, mars 1969
John Rewald : « The history of
Impressionism»
New York, 1973
Claire Joyes, «Monet at Giverny»
London, 1975
Daniel Wildenstein : «Monet's years
at Giverny - Beyond
Impressionism»
Metropolitan Mus. of Art, 1978

Grâce au Reader's Digest et à la Lila Wallace-Reader's Digest Fund ont été acquis une ferme constituée par trois corps de bâtiments ruinés situés juste en face de la Maison et des Jardins de Claude Monet et un terrain y attenant transformé en parking agrémenté d'arbres et de fleurs.

Les trois corps de bâtiments ont été reconstruits avec leurs pierres d'origine. Dans celui qui borde la rue Claude Monet est aménagé le quartier général des jardiniers, le bureau du Chef-Jardinier et deux chambres avec cuisine et salle de bains pour des bénévoles.

Dans le bâtiment de droite, grâce à certains donateurs dont Monsieur Laurance Rockefeller, sont aménagés deux appartements pour les donateurs importants qui passent à Giverny de temps à autre. Grâce à Monsieur Laurance Rockefeller une boutique de fleurs a été ouverte ainsi qu'une cafeteria décorée dans le genre des cafés de 1900 avec un charmant jardin face au parking.

Enfin, le grand bâtiment au fond de la cour de la ferme, a été complètement restauré par le Reader's Digest. Trois appartements bien équipés et un grand atelier pour trois artistes sont utilisés depuis 1988. Trois artistes américains choisis par le Reader's Digest y sont reçus chaque année pour peindre et visiter la région. C'est ainsi une manière de reconnaître les bienfaits des donateurs américains sans qui Giverny n'existerait pas. Grâce à certains amis français et surtout aux amis américains ont été réunis environ 14 millions de dollars dont le moindre centime a été dépensé à la restauration des bâtiments et des jardins de Claude Monet.

L'Académie des Beaux-Arts est bien sûr récompensée par l'intérêt des visiteurs dont le nombre a atteint en sept mois le chiffre considérable de 400 000. C'est en fait l'endroit le plus visité de Normandie.

Les Donateurs de Giverny

Lila Wallace - Reader's Digest Fund
L'Académie des Beaux-Arts
Le Conseil Général de l'Eure
La Société des Amis de Claude Monet
The Society of the Friends of the
Dallas Museum
The Society of the
Neuberger Museum
S.E. et Mrs Walter Annenberg
Mr and Mrs David B. Arnold, Jr.
Mrs Robert Arnold
Mrs Vincent Astor
Madame Léon Bazin
Mrs Leigh Block
Mrs Alfred Bloomingdale
Mr Patrick Burns
Mr and Mrs Edward Byron-Smith
Mr and Mrs Gardiner Cowles
Mrs Ethel Woodward de Croisset
Mrs Allerton Cushman
Monsieur et Madame PierreDavid-Weill
Monsieur et Madame Michel David-Weill
The Ewind W. and Catherine M. Davis
Foundation
Mr and Mrs Frederick W. Davis
Monsieur et Madame Paul Desmarais
Deere and Company
Mrs Doris Duke
Mr and Mrs Charles Durand-Ruel
Mr and Mrs Thomas B. Evans Jr.
Comtesse Alain d'Eudeville
Mrs Charles Engelhard Jr.
Mrs Frank Jay Gould
The Florence J. Gould Foundation, Inc.
Mr Henry Ford II
Mr Alvin Fuller
Mr and Mrs David Granger
Mrs Dolly Green
Mr and Mrs Melville Hall
Mrs Ira Haupt
Mr and Mrs Jack Heinz
Mrs James Hooker
Mr and MrsPhilip Hulitar
Mr and Mrs George F. Jewet Jr.
Mrs Alistair J. Keith

Mrs Randolph Kidder
Mrs Eric Koenig
Mr and Mrs David L. Kreeger
Madame Yvonne Larsen
Mr and Mrs Joseph Lauder
Mr and Mrs Harding Lawrence
Mr and Mrs Irvin Levy
The Richard Lounsberry Foundation
Mrs Eugène McDermott
Mr and Mrs Robert Magowan
Madame Louis Marillonnet
Mr and Mrs Harris Masterson
Mr and Mrs Paul Mellon
S.E. et Madame Walter
Moreira Salles
Mrs Charles Munn
Mr Stavros Niarchos
Mr George Ohrstrom
Baron and Baroness Hubert von Pantz
Mr George Parker
Mrs Sandra Payson
Mr David Rockefeller
Mr Laurance Rockefeller
Baron Edmond de Rothschild
Mrs Madeleine Russell
Monsieur Henri Samuel
Mrs Jay Simmons
Mr Garrick O. Stephenson
Mr and Mrs Harold Stream
Mr and Mrs David Schiff
Marquise de Surian
Mr and Mrs Vernon Taylor Jr.
Miss Alice Tully
Monsieur et Madame Gerald Van der Kemp
Mr and Mrs William Vincent
Pierre J. Wertheimer Foundation
Mr and Mrs William Wood-Prince
Baroness van Zuylen
Bergdorf Goodman
Bloomingdale's
Ceramich Caleca, S.r.l.
Haviland and Parlon
Marshall Field's
Reed & Barton Corporation
West Point-Pepperell, Inc.

Editions ART LYS
Versailles
Maquette : Aline Hudelot
Crédit Photographique :
Archives de la Fondation
Claude Monet
ART LYS / J. Girard
Erika Burnier
Musée Marmottan
R.M.N.
Photocomposition : ART LYS
Photogravure : EFFE GRAPHIC
Achevé d'imprimer
le 15 mars 2000 par
les Presses de Bretagne
Dépôt légal : Avril 2000
Copyright EDITONS ART LYS
ISBN 2.85495.042.9

Page 4 de couverture :
Portrait de Claude Monet
été 1926 -
Photo Nickolas Avray

Les organismes suivants sont habilités à recevoir vos dons:

Société des Amis de Claude Monet
Président M. Toulgouat
Giverny
27620 GASNY

Versailles Foundation
Présidente Mme Van der Kemp
420, Lexington avenue
Graybar building NEW YORK CITY N.Y. 10170

La Fondation Claude Monet est ouverte tous les jours de 10h à 18h, sauf le lundi, du 1er avril au 31 octobre.